Casas

Salvador Sarmiento

Ilustrado con fotos

HAMPTON-BROWN BOOKS
FOR BILINGUAL EDUCATION

Quien sabe dos lenguas vale por dos.®

Hay casas en el campo.

Hay casas en la ciudad.

Hay casas en las montañas.

Hay casas en la playa.

Hay casas en el desierto.

6

Hay casas en el río.

Hay casas en la calle donde vivo yo.